ET MOI, J'ÉTAIS TROP PETITE...

Titre original :
Learning to swim

Remerciements tout particuliers à Gerald Schamess,
pour la finesse de ses idées et son soutien
Tracy Mack, pour son travail d'édition plein de sensibilité
Miriam Silman, M.S.W, chef du service hospitalier d'assis-
tance aux victimes du Mountain Comprehensive Care
Center dans le Kentucky qui a lu le manuscrit
et discuté de l'usage qu'on pouvait en faire
Joanne Graves, qui m'a accompagnée dans ma guérison
Mon mari, Rick, qui m'a soutenue et comprise.

ANN TURNER

ET MOI, J'ÉTAIS TROP PETITE...

Traduit de l'anglais par
Isabelle Reinharez

Flammarion

À ma famille
et à toutes les
courageuses survivantes

Écoute, j'essaie

de me souvenir de tout

parce que c'est là

comme un putois

qui revient sans cesse

sur le pas de la porte

et pleure pour entrer,

et si je ne lui ouvre pas

j'ai peur

qu'il ne s'en aille jamais.

Je me souviens :

de la chambre étouffante,

de ton corps inconnu,

de tes mains brutales,

et des mots durs à mes oreilles

me soufflant que d'horribles choses

vont arriver

si jamais

j'ose

le dire.

Mais c'est fini

tu ne pourras plus me trouver

ni m'atteindre

ni plus jamais me faire du mal

et quand de ma bouche

les mots seront sortis

d'un coup de pied

je t'enverrai valser au loin

et puis je réapprendrai

à respirer.

FLOTTER

C'est l'été
on charge la voiture
pour partir dans notre maison.
Quelle pagaille.
Nicky et moi on se bat
pour la banquette
mais moi je ne bouge pas,
je suis assise sur ma bouée rose
dont Papa dit que je n'ai
plus besoin
parce que je suis assez grande,
assez grande,
et assez agile
pour nager sans elle.

Papa ouvre la porte
de la maison
où l'air s'est langui de nous
tout l'hiver et où les souris ont semé
leurs petites graines noires
partout.
Il faut user de son charme
pour ramener l'eau
dans les tuyaux
et les fenêtres que l'on ouvre
râclent et gémissent.
La poussière fait soupirer Maman.
J'y écrase mes doigts
et laisse dix empreintes comme autant de pétales
sur la table de la cuisine.
Me voilà de retour.

Dans la pièce sombre
où nous mangeons
le soleil entre par petites
doses, étincelant sur les assiettes
en porcelaine ornées de Chinois
qui semblent bouger
quand on regarde ailleurs,
mais là ils sont cachés
sous la salade et le dîner commence.
Grand-mère dit le bénédicité, Peter
laisse tomber sa timbale, et maman rit.
Je crois que je pourrais rester ici
éternellement entre soleil
et ombre,
ici dans la maison
que j'adore.

Dans la cabane de la pompe à eau
Grand-père me prend par la main.
L'air est sombre et velouté,
Un unique
rayon jaune vif filtre
par la porte ouverte.
Le moteur ronronne et goutte
nous parlons à mi-voix
comme à l'église
et j'aime sentir
ma main
nichée dans la sienne.

Nicky et moi on dévale
le sentier bosselé
qui descend à la mare.
Papa me tient par la main.
« N'aie pas peur. »
Avant, ma bouée rose
sur l'herbe
maintenait
en dessous l'eau noire.
Aujourd'hui je ne vois pas mes pieds
et j'agite les bras,
je bats l'eau et la fais écumer,
mais elle m'entraîne au fond
et cherche à m'engloutir.
Papa crie encore : « Vas-y, tu peux ! »
Je donne des coups de pied,
aspire une bouffée d'air,
et un petit instant
je flotte au-dessus
des feuilles qui se sont noyées !

On joue à se déguiser
devant la maison
là où volent les guêpes.
Je porte un chapeau à fleurs bleues
et une robe crème qui
traîne à mes pieds,
Nicky a des lunettes
et Peter un gilet.
On est des grands
avec de grands mots à la bouche
et des airs importants
et personne
ne peut nous commander.

On fait la course
dans la prairie
avec les gamins du bout
de la rue — Kevin, Lonny, Angie —
jambes qui montent et descendent,
bras qui se balancent,
mes pieds s'estompent
et je passe devant
tout le monde
ma respiration s'active
mon cœur s'active
mes jambes s'activent
et je crie
quand je gagne.

Repousse du pied
le fond boueux,
bats des mains
comme le mixer de maman,
lance tes jambes en arrière
et agite-les de haut en bas.
Ne laisse pas cette eau
te recouvrir la tête,
je braille au fond de moi,
et ça marche presque
sauf que j'aspire par le nez
une goulée d'eau qui ressort
en un violent éternuement.
« Ça commence bien, dit papa.
Tu seras
une bonne nageuse. »

Kevin, Lonny et Angie habitent tous
une petite maison verte
avec une mère énorme,
les cheveux gras dans les yeux,
qui fait frire des beignets,
et leur père est maigre
et miteux avec une bouche béante
qui crie
on détale
je ne sais pas pourquoi
c'est toujours moi qui m'y colle
et cherche une cachette
loin de leurs pieds et de leur
haleine chaude qui passent.

Je suis cachée dans
leur garage, celui qui est plein de graisse
avec la voiture cabossée,
Kevin passe devant en courant,
à ma recherche
avec des mains avides
et Lonny avec ses lèvres épaisses
et tremblotantes comme des vers
qui veulent s'écraser sur mes joues,
cherche, lui aussi,
ils disent que c'est pour jouer
mais moi je grelotte
dans le garage
avec l'odeur de graisse
tout autour de moi.

COULER

« Je vais te lire une histoire,
me chuchote Kevin,
un moment secret rien qu'à nous
et ne le dis jamais, jamais. »
Il me prend par la main
et m'entraîne à l'étage.
Mais dans ma chambre jaune,
où il fait si chaud
le livre tombe par terre
et lui il fourre ses mains
à l'intérieur de moi
et sort ses parties intimes
dont je n'avais jamais cru
qu'elles pouvaient être aussi énormes et bizarres,
et il me dit de le toucher
d'une voix dure et essoufflée,
et moi jamais je n'ai pensé
que je pourrais dire
non.

Grand-mère m'a demandé de mettre
le couvert du dîner
avec les assiettes en porcelaine ornées de Chinois
que j'adore.   Il me semble
que je pourrais entrer dans ce monde
bleu et tranquille
mais soudain l'assiette tombe
et se casse.   Grand-mère
ne me gronde pas,
elle me prend sur ses genoux
et me berce tout contre elle.

Papa nous emmène en voiture
acheter des glaces à l'épicerie
comme nous l'avons fait déjà
des centaines de fois,
mais te voilà brusquement
à côté de la voiture,
et rien que ton ombre
sur le siège arrière
qui tombe
sur moi
me force à me cacher,
tous mes angles, toutes mes jambes,
moi toute entière qui file
dans le coin, à l'abri.

J'ai essayé de nager
aujourd'hui
en battant des jambes dans l'eau
mais des nuages ont masqué
le soleil,   il n'y avait pas de bouée
rose pour me protéger,
et je n'arrivais pas à tenir la tête
hors de l'eau.
Papa m'a sortie de là,
m'a tapé dans le dos,
et a dit : « Ça viendra,
Annie, ça viendra. »

Et voilà ça recommence
ta main est là
qui retient la mienne
le livre est dans ton autre
main
on disparaît
en haut de l'escalier
et Peter me fait signe
du fond de son parc.
Il ne parle pas donc
il ne peut rien dire
(moi j'ai promis !)
et quand tout est fini
je chuchote à son
oreille de bébé
et enfouis mon visage
dans les coussins du canapé
pour que personne ne voie.

Je garde tout en moi
comme quand je vais vomir
et que je cours chercher des toilettes
les mots se bousculent derrière
mes lèvres pressés de s'échapper
tant mes lèvres me font mal
mais je n'y arrive pas. Tu as dit non
jamais de la vie non et non
et tu m'as mis ton poing serré
devant les yeux.
Mes poupées, savent, elles,
Jenny, Amanda et Fuschia.
La nuit
je leur raconte ce que tu as fait
et elles ont de la peine
avec leurs yeux grands ouverts
et leurs bouches étonnées.

Il y a des voiles
sur les grands buissons de myrtilles,
comme d'immenses ailes blanches
qui viennent effleurer le sol.
Maman et moi on se faufile dessous,
boîte en fer à la main,
et on y fait tomber les fruits
si vite qu'elles crépitent
et se remplissent à ras-bord.
Je déteste leur goût acide
mais j'adore être cachée
sous les filets
où personne ne peut
me voir.

Quand tu es couché sur moi

le monde devient tout noir,

l'air retombe

comme une grosse couverture

et des taches flottent

au-dessus de ma tête.

Je retiens mon souffle

j'attends

j'attends

pour respirer.

Brusquement
je veux frotter
mes joues salies,
mes genoux où les griffures
dessinent des échelles,
mon short trop grand
où traînent encore
des miettes du petit déjeuner.
Maintenant je me brosse les dents
cinq fois par jour,
j'installe et réinstalle mes poupées
sur la commode,
et dans la mare
je m'accroupis dans l'eau peu profonde
et nettoie à fond tous les coins de ma peau
bien cachés.

Je croyais qu'un secret c'était
un petit biscuit caché dans une main,
comme la main que tu tiens
pour m'entraîner à l'étage.
Mes pieds lambinent
ils savent ce qui attend
là-haut
mais je suis trop petite
pour dire non
c'est seulement que mon corps est si
lent.   Il attend
que quelqu'un se
rende compte
que je m'en vais.

J'ai le ventre à l'air.

Je ne vois pas mes pieds.

Les pins font des ombres

où volent les insectes

en vilains piqués et plongeons.

Je regarde derrière moi

ma bouée

posée sur l'herbe.

Papa dit que j'en suis capable.

Mais je me sens si maigre et nue

dans l'eau noire

sans mon amie rose.

« Allons, Annie,
qu'est-ce qui ne va pas ? »
Papa me tend la main
elle n'est pas comme cette autre
main
qui m'entraîne et pourtant
je refuse d'avancer.
L'eau me paraît sinistre
et obscurcie par les ombres
elle va m'avaler
les feuilles noyées au fond
recouvriront ma bouche.
Je demande qu'on me rende ma bouée
et je m'assois
sur l'herbe.

Quand on me parle
les voix voltigent
comme des mites   je n'y fais pas
du tout attention
je m'envole hors
de mon corps
vers le coin de la pièce
au-dessus des assiettes en porcelaine
ornées de Chinois.
J'y resterai
jusqu'à ce qu'il n'y ait plus de péril
à descendre.

Ce que j'aime
c'est donner la main à mon frère
pour partir dans la prairie
où la lumière dore
les hautes herbes
et balancer à bout de bras
le seau à ordures.
On creuse un trou
et on jette les écorces de pamplemousses,
les coquilles d'œuf piquetées d'orange,
et une volée de feuilles de thé
dans le trou noir et humide.
Et je tape des pieds
et tape encore
jusqu'à ce que Nicky dise :
« Ça suffit. »

Je gribouille
avec un crayon de couleur
sur un bout de papier
froissé
tu as une pluie de feu
sur la tête
tes bras sont
des moignons
tes pieds
ont brûlé
quand maman demande :
« Mais qu'est-ce que c'est, Annie ? »
les mots s'envolent
et elle m'observe
d'un œil inquiet.

Je suis le petit cochon
et toi tu es le loup
qui attend à la porte
pour m'avaler tout rond
et mâchonner mes os,
et puis me recracher
et personne n'est assez grand
ni assez rapide
ni n'a d'assez bons yeux
pour empêcher
que ça arrive.

Je lis une histoire à Peter
assis sur mes genoux,
mon nez fourré dans
ses cheveux fins.
Jamais rien de grave
ne lui est arrivé,
sauf quand il a vomi
sa gelée à la fraise
par terre à la salle de bains,
et jamais personne
ne lui a fait de mal.
Mes poupées et lui
sont les seuls à savoir,
et il me tapote les joues
d'une main toute douce.

Dans la chambre brûlante
où je suffoque,
je ne sais pas toujours
si c'est un bras, une couverture,
ou une jambe qui s'écrase sur mon visage.
Je suis gelée,
comme si tout mon sang s'écoulait
de mes pieds ou gouttait de mes doigts
par terre.
Alors
quelqu'un remarquerait-il quelque chose ?
Alors
pourrais-je le dire ?

J'attends au pied
des gros piliers de pierre
que papa rentre à la maison,
que le dos noir de sa voiture
bossue tourne dans notre allée,
la vitre baissée
il agitera la main
et les mots flotteront vers moi :
« Annie ! Me voilà ! »
Il ouvrira la portière
et je m'assoirai à côté de lui
je sentirai sa bonne odeur
d'encre, de fumée et d'après-rasage.
Je voudrais que mes mots
soient de la fumée
qu'il puisse respirer
comme ça il
saurait.

Quand mon cousin Billy
est venu nous voir
et que l'Oncle Ted en riant
a dit qu'un jour
on se marierait,
Billy a voulu m'embrasser
et j'ai reculé
si brusquement, si violemment
que je me suis cognée au pommier
et toutes les bouches
ont fait des petits o.
Personne ne savait
pourquoi plus jamais je n'embrasserais
Billy ni ne laisserais
des lèvres
ou des mains brûlantes, sèches et dures
me toucher.

La nuit je rêve
que je nage
mes bras remuent en douceur
dans l'eau
c'est si facile, si paisible,
je n'ai jamais peur.
Mes pieds battent
l'eau noire
jusqu'à l'écume
et je chante,
en faisant signe à papa
là-bas sur la rive.

Je sors mes poupées
dans leurs robes à frou-frou
et les emmène en poussette au bout de l'allée
jusqu'aux piliers de pierre
où Grand-père nous laisse
de petits mots
mais à chaque fois
ton visage apparaît menaçant
comme dans un film que je regarde
de trop près et j'en oublie mes poupées,
les mots,
la glace dont je voulais
lécher les coulures
et je me cache sous
les buissons de myrtilles.

Je déteste le jaune.
Je déteste les rideaux avachis.
Je déteste les têtes de lit en fer
et les crétins en short.
Quand je serai grande
j'aurai une chambre verte
avec un lit tout doux
et des rideaux tout blancs
flottant à la fenêtre.
Dans ma chambre
il n'y aura jamais
de crétin en short.

J'ai pris les ordures
le seau tout entier
et l'ai renversé sur le seuil
d'un coup de pied j'ai catapulté
le pamplemousse
contre les cailloux
écrasé le marc de café
sur les planches brûlantes.
Quelqu'un a crié
quelqu'un a hurlé
je m'en fiche
il est temps
de mettre
la pagaille.

Ma mère me lit
des histoires d'elfes
et de fées qui vivent
dans un bois vert tout entier
baigné d'une douce lumière.
Personne n'a l'air de se marier
et personne ne veut s'embrasser
ils ne font que courir
au clair de lune, en chantant.
Voilà ce que
je veux.

À la main,

j'ai un couteau, qui tranche

du rôti sur l'assiette en porcelaine

ornée de Chinois, et j'appuie plus fort,

je coupe plus vite, en pensant

que c'est ton cou rose

sous ma lame

et je te découpe

en petits morceaux

que j'enterrerai

dans la prairie

là dehors

quand il n'y aura ni lune

ni étoiles.

Elle m'a demandé aujourd'hui,
« Quel livre te lit Kevin
là-haut dans ta chambre ? »
Mes yeux ont cillé,
Ma langue s'est collée
à mon palais
sur les mots que j'avais attendu
de prononcer
chacun fait mal
comme une écharde
que l'on extirpe
et avant que je termine
elle ma soulevée dans ses bras
et on a pleuré
pleuré
jusqu'à
ce qu'il n'y ait plus
de mots à dire.

NAGER

Maman enfile à la va-vite
ses chaussures de marche,
et tire avec brusquerie sur les lacets :
« Annie, ne bouge pas d'ici.
Kevin ne te fera plus jamais
de mal. »
Elle claque la porte en sortant
mais j'ai peur
de la maison verte,
des lèvres, des mains, de lui.
J'attends sur le seuil
aux aguets
mon ventre est noué
tant que je ne vois pas le haut de son crâne
grossir, s'arrondir,
et puis là voilà toute entière qui remonte l'allée
au pas de course
ses cheveux courts volant au vent
et quand elle me serre dans ses bras
sa peau est brûlante.

Papa m'a prise par les mains
aujourd'hui, et m'a fait voler très haut
par-dessus les plantes qui piquent
dans la rocaille de Grand-mère
il m'a posée sur son genou
sa bonne odeur m'enveloppait
et il m'a dit qu'il savait
qu'il avait tant de peine qu'il boirait
toute l'eau de la mare si ça pouvait
défaire ce qui est arrivé
mais non
l'eau jusqu'à la dernière goutte
est dans mes yeux
assise sur ses genoux tout chauds
je fourre ma tête
sous son menton.

Une ficelle invisible
me rattache à ma mère
elle ne me laisse pas m'éloigner
hors de sa
vue
même jusqu'aux myrtilles
où elle s'accroupit à côté de moi
et du bout des doigts
m'effleure de temps
en temps
ses mains ne sont pas dures
ni sèches
ni avides
et mon souffle dans un rapide
bégaiement
entre et sort
pareil à un animal captif
soudainement libéré.

Grand-père m'a déposé une lettre
dans le vieux tronc
à côté des piliers de pierre.
J'y ai plongé la main et j'ai sorti
le papier couvert de mots
bleus :
« Tu es ma fée
aux boucles brunes
au sourire espiègle
et au rire de nuage. »
Un tout petit instant
j'en étais une — vaporeuse,
aussi légère que la brume,
flottant au-dessus de l'allée.

Assise sur mon lit
par la fenêtre
je surveille la route
qui mène à la
pauvre maison verte
au garage plein de graisse   et à lui.
Je serre Amanda dans mes bras
au cas où il foncerait
chez nous
j'ai mal au ventre
j'ai froid aux pieds
mais personne ne vient
vraiment personne
sauf le facteur
avec un paquet de lettres.
Je me dis
que pour le moment
je ne crains rien.

Grand-père a descendu
le sentier escarpé
vers la mare
avec ma bouée rose
sur la tête,
« c'est contre le soleil. »
J'ai tellement rigolé
que j'ai oublié d'avoir peur
en fourrant mes pieds
dans l'eau noire.

Aujourd'hui
je me suis lavé les dents
quatre fois seulement.
Aujourd'hui j'ai grimpé
dans le pommier
et mangé une pomme pas mûre
sous les feuilles qui voletaient.
Aujourd'hui quand je me suis accroupie
dans la mare
je n'ai pas essayé
de me faire disparaître
à force de frotter.

Je mets à mes poupées
des chapeaux à fanfreluches
et d'épais jupons blancs,
je tire leurs dessous
bien autour de leur taille
pour cacher toute la peau.
Je suis attentive,
si douce,
mes mains ne font jamais mal
et je respire
l'air chaud
de l'été.

On a mangé des hot dogs,
nous tous les huit cousins
sur le mur en rochers
en balançant nos tennis
contre les cailloux durs.
Seelye a tant mangé
qu'il a tout vomi.
J'étais assise à côté de Billy
mais j'ai sursauté et failli tomber
quand son épaule nue
a frôlé la mienne.

Papa m'a tenu la main
en dévalant le chemin
vers la mare.
On est entré dans l'eau ensemble,
et je pensais à des trucs blancs, osseux,
que je ne pouvais pas voir,
à une pieuvre d'eau douce attendant
de coller ses tentacules
autour de mes jambes maigres.
Papa a dit :
« Ça y est, tu apprends à nager »,
et j'ai lâché sa main.
J'ai chantonné :
« Ça y est, j'apprends à nager
et quand le fond
s'en est allé,
j'ai flotté à la surface,
mon visage pareil à une fleur blanche
devant moi.

On charge la voiture,
les sièges en laine
me grattent les jambes
tout est entassé
dans le coffre noir.
Papa a rouspété.
La fumée monte en panache
tandis que nous descendons l'allée
en cahotant
je regarde derrière moi
les fenêtres
de ma petite chambre.
Y a-t-il une ombre ?
Est-il revenu ?
J'en suis toute retournée
j'attrape la main de Nicky
et puis je vois que c'est seulement
le rideau qui remue
derrière le carreau.

La maison rapetisse
l'auto s'arrête au bout
de l'allée
je ne me retourne pas
pour regarder en haut de la route
la maison verte.
Maman pose la main
sur mon genou
son alliance en or brille
tout au long du retour
comme un charme
qui me protège.

Je me suis réveillée une nuit
où le vent
était chaud
et j'ai cru
que j'étais de retour
là-bas
et qu'il
montait bruyamment
l'escalier
mais c'était papa
qui entrait dans ma chambre,
pour me sortir
des couvertures
qui m'étouffaient
et chantait pour moi d'une voix douce
en me serrant dans ses bras.

Papa et moi on est retournés là-bas
quand il faisait froid
pour vérifier
qu'il n'y avait pas de tuyau gelé
pas de fils électriques
que les souris auraient grignotés.
Dans la pièce hivernale,
j'ai ouvert mon tiroir
et entendu un petit cri effrayé !
Nichés dans une boîte de Kleenex
il y avait dix boules de peau nue et rose
si jeunes, si tranquilles.
Les murs jaunes paraissaient délavés,
les tristes rideaux
avaient disparu,
et lui était parti.
J'ai avalé de longues bouffées
d'air glacé
et rebondi
sur mon lit bien propre.

Écoute.

Le dire c'est ça qui compte.

Tu dois attraper

les mots que tu as cachés

au fond de toi ou que tu as gardé

en boule noire et douloureuse

au creux de ton estomac et qui te rendent

malade

mais extirper les mots, les renverser

par terre, sur la table,

les jeter à la face étonnée

de quelqu'un c'est ça

qui compte

et après cette fois-là

et la suivante un jour

tu te sentiras

si légère et vaporeuse

que ton ventre se

dénouera

ton visage

se décrispera

et que

de nouveau

tu te sentiras

toi-même.

Voilà j'ai laissé entrer
ce putois
qui rôdait sur le seuil
et c'était aussi affreux
que je l'avais
prévu
mais il est temps
maintenant
de me débarrasser de lui
et de continuer
à vivre et respirer
parce que je me souviens
d'avoir appris à nager
dans l'eau noire
sans l'arbre,
sans la main de papa,
ni la bouée rose.
Et je crois que si je peux le faire
je sais comment flotter au-dessus
des feuilles qui se sont noyées.

ANN TURNER

L'auteur a commencé sa carrière d'écrivain avec des poèmes. Elle a publié plus d'une trentaine d'ouvrages dont des albums, des romans et des œuvres poétiques pour enfants et adultes.

Elle dit, à propos de *Et moi, j'étais trop petite* : « Avec ce texte, j'ai pris un moment douloureux et silencieux de mon enfance et j'en ai fait quelque chose de bienfaisant et vivifiant. »

(ISABELLE REINHAREZ)

Elle aime depuis toujours et pratique depuis longtemps cet art de « passeur » qu'est la traduction littéraire. *Et moi, j'étais trop petite*, lui a inspiré ces quelques lignes :

« Quand avec l'aide des mots s'effacent les sanglots,
quand la douleur s'allège sur la page
moi, la traductrice, devenue confidente,
je tisse au plus serré mes phrases pour recréer le motif,
j'accorde au plus près mon instrument pour retrouver le son. »

DANS LA MÊME COLLECTION >>>

SA SEIGNEURIE

SHAÏNE CASSIM

« – Tu m'appelles Sa Seigneurie en douce ?
– Mince, tu es fâché Simon ?
– Pas du tout. C'est moqueur mais pas méchant. Je crois même que je vais m'autoriser à sourire.
Rose a penché le visage vers moi, j'ai senti sa main sur mon épaule. Puis je me suis comporté de façon scandaleuse.
– Tu embrasses très bien, Ta Seigneurie, a-t-elle chuchoté à mon oreille.
Sa joue s'est posée sur la mienne. Je ne rêvais pas. »

VUE SUR CRIME
SARAH COHEN-SCALI

« Une silhouette se profile derrière la baie vitrée. Il est revenu, armé de jumelles. La fille ôte sa veste, puis son chemisier, puis... Je sens la colère monter. C'est absurde. Encore une fois, ça ne me regarde pas. Un inconnu est en train de mater une fille qui se déshabille. Et alors ? Qu'est-ce que j'ai à voir là-dedans, bon Dieu ? Mes pensées s'embrouillent. Pourquoi est-ce que je me fourre soudain dans la tête que cette fille est en danger ? DE MORT. »

KAÏRA

GUDULE

« — T'es l'auteur d'Hojo-le-rebelle ? j'ai demandé (comme si je ne le savais pas !).

Il a hoché la tête. Juste ça, hoché la tête.

— J'adore ce que tu fais... C'est ce que je lis en premier, dans le journal !

— Merci, a répondu Kaïra. Et il s'est fondu dans la foule.

— Normal, m'a dit Mathilde quand je lui ai raconté, il est toujours comme ça. Il ne parle pas, ne fréquente personne, et on a un mal fou à le sortir de chez lui.

— Drôle de type ! Pourquoi est-il aussi sauvage ?

— Mystère... »

CINÉMA À BOGOTA
JACQUELINE MIRANDE

C'était juste avant la chute du jour. Un flamboiement ocre et rose rendait irréel le décor. Une femme ouvrit, et étouffa un cri en voyant Miguel.
– Clara et Fabio arrivent. Mais ils ne doivent pas savoir que nous sommes là, souffla-t-il.
– Et s'ils me questionnent ?
– Ils ne le feront pas. Il y a déjà eu tant de malheur ici, personne ne l'a oublié.

Cet
ouvrage,
a été achevé d'imprimer
sur les presses de l'imprimerie
Maury Eurolivres
Manchecourt - France
en mars 2002

Dépôt légal : avril 2002.
N° d'édition : 1268. Imprimé en France.
ISBN : 2-08-16-1268-2
Loi n° 49-956 du 16 juillet 1949
sur les publications destinées à la jeunesse